Der Wolgebornen Freylein, Freylein Rosina,
Freylein Aschauin, meiner hertzlieben
Schwester schick ich Underschreibener dis
wödne büch, meiner darbey im besten
zu gedencken. Zu Gratz den 27 Aug: Anno: 1604.

Hanns Joachim Aschau
von Haag.

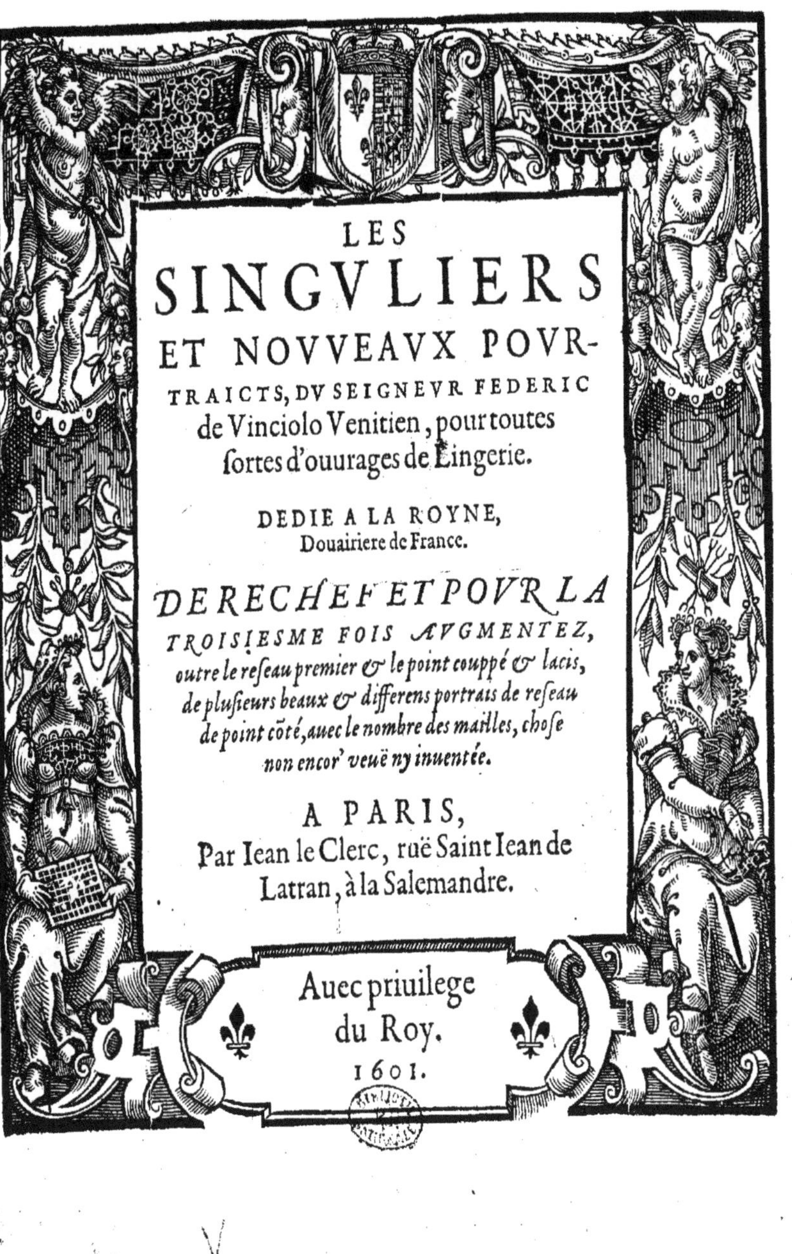

LES SINGVLIERS ET NOVVEAVX POVRTRAICTS, DV SEIGNEVR FEDERIC de Vinciolo Venitien, pour toutes sortes d'ouurages de Lingerie.

DEDIE A LA ROYNE, Douairiere de France.

DERECHEF ET POVR LA TROISIESME FOIS AVGMENTEZ, outre le reseau premier & le point couppé & lacis, de plusieurs beaux & differens portraits de reseau de point côté, auec le nombre des mailles, chose non encor' veuë ny inuentée.

A PARIS,
Par Iean le Clerc, ruë Saint Iean de Latran, à la Salemandre.

Auec priuilege du Roy.
1601.

Peintre à fin que ton art imite la Nature
Au tableau de ce Roy dont l'honneur touche aux Cieux,
Pein sur son chef Pallas, sur ses leures Mercure,
Mars dessus son visage, & l'amour dans ses yeux.

ADVERTISEMENT AV LECTEVR PAR LE SEIGNEVR Federic de Vinciolo.

IE croy que tu n'ignores point (amy Lecteur) quel grand & penible labeur i'ay peu prendre à cy deuant depaindre & mettre en lumiere, grande quantité d'excellens patrons d'ouurages contenus en ce present liure, lesquels pour equitablemẽt approprier la chose, ont esté dediez à la Majesté de la Royne. Et toutesfois bien que i'aye cõsommé vne longue espace de temps à l'inuention de cet œuure, & à recercher & subtilliser soigneusemẽt tous les points de chacun portrait, si est-ce qu'estant deuëment certioré de l'vtilité & profit que i'ay apporté en ce faisant à plusieurs, qui par mesme moyẽ ont pris singulier plaisir à imiter lesdits portraits. Il m'a semblé qu'encores ie n'auoy rien fait, si d'abondant ie ne te faisois part d'vne autre nouuelle bande d'ouurages, laquelle ie t'auoy promise dés la premiere impressiõ de ce liure. A ceste cause, pour ne te manquer de promesse, & subuenir aux doleances de quelques Dames, qui se sont plaintes que ie m'estoy amusé à leur dépaindre du reseau assez beau à leur fantasie, i'ay bien voulu pour la troisiesme fois inuenter & mettre deuant tes yeux, plusieurs nouueaux & differẽs portraits de reseau de point cõté, que i'ay cousus & attachez à la fin de mes premieres figures comme tu pourras voir en les particularisant, au dessous desquels pour plus grande & facile intelligence, & te releuer de peine, i'ay mis le nõbre & la quantité des mailles, que chacun portrait peut auoir & contenir. Au demeurãt ie t'asseure que ie ne pense y auoir rien oublié de mon pouuoir, pour te les rendre & representer beaux & agreables à l'œil. Te priant que s'il s'en trouue quelqu'vn, qui ne soit peut-estre si beau que tu le desires, ne cõdamner pour cela mon œuure, ni la bonne volonté que ie porte à la nation Françoise, à laquelle ie prie Dieu estre en tout temps secourable.

Trois Dieux furent parreins du troisiesme Henry,
Iuppiter, Mars, Phebus, cette perle Lorraine,
Vne triple Déesse eut pour triple marreine,
Palas, Venus, la grace au chef tousiours fleury.

A LA ROYNE.

MADAME, celuy qui peut recouurer quelque chose nouuelle des pays estranges s'estime bien heureux d'en faire vn present à quelque grand personnage, sçachant qu'en cela il le gratifie d'auantage que s'il luy donnoit quelque chose commune, encor qu'elle fust de grand pris & valeur. Ainsi ayant recouuré de l'Italie quelques rares & singuliers patrons & ouurages de l'ingerie, & en ayant inuenté quelques vns, selon mon petit sçauoir, i'ay pensé, puis que ces choses la appartiennent principalement aux Dames, que ie ne ferois parauanture mal de m'aduancer & m'enhardir les presenter à vostre Majesté, tant à fin qu'elle y prenne quelque contentement, que pour le desir que i'ay que chacun connoise que si ces patrons & pourtraicts ameinent quelque profit & vtilité à la France (comme l'on m'asseure qu'ils feront, veu que quelques vns moins parfaicts, & plus rudement ébauchez ont seruy & profité cy deuant) elle vous en doit principalement estre tenue, pource que ie les ay faicts pour vostre regard, & à fin d'en contenter vostre œil, tant gracieux & debonnaire, que volontiers il verra l'œuure & l'ouurier, qui ne desire rien plus que de faire chose qui luy soit agreable, & soubs l'esperance que vous prendrez en gré ces inuentions, que ie m'attens vous augmenter en brief, Dieu aydant, de plusieurs autres differens patrons & pourtraits, ie prie Dieu,

Madame vous donner heureuse & longue vie, & l'accomplissement de vos bons desirs,

Vostre tres-humble & tres-obeissant seruiteur & subiect

Le Clerc.

AVX DAMES ET DAMOISELLES,

SONNET.

L'VN s'efforce à gaigner le cœur des grands Seigneurs
Pour posseder en fin vne exquise richesse,
L'autre aspire aux estats, pour monter en altesse,
Et l'autre par la guerre allèche les honneurs,

Quand à moy, seulement pour chasser mes langueurs,
Ie me sen satisfait de viure en petitesse,
Et de faire si bien qu'aux Dames ie delaisse,
Vn grand contentement en mes graues labeurs.

Prenez doncques en gré (mes Dames) ie vous prie,
Ces pourtrais ouuragez lesquelz ie vous dedie,
Pour tromper vos ennuis, & le temps employer.

En ceste nouueauté, pourrez beaucoup apprendre
Et maistresse en fin en cest œuure vous rendre,
Le travail est plaisant: Si grand est le loyer.

Morir assidouamentê per virtu non moriré.

EXTRAICT DV PRIVILEGE.

PAr grace & priuilege du Roy, il est permis à Iean le Clerc marchãt & Tailleur d'histoires, d'Imprimer ou faire imprimer, vne ou plusieurs fois. *Vn liure intitulé, liure de Patrõs de Lingerie*, DEDIE A LA ROYNE, *nouuellement inuenté par le Seigneur Federic de Vinciolo Venitien.* Et fait sa Majesté defences à tous marchans Libraires, Imprimeurs, Tailleurs d'histoires, Imagers & autres de quelque estat & condition qu'ils soyent, de n'imprimer ou faire imprimer, pocher, tailler, contrefaire, agrandir, n'appetisser, ou pocher, lesdites figures, n'iceluy exposer en vente sans l'expres commandement dudit le Clerc, & ce iusques au temps & termes de six ans entiers & consecutifs, sur peine aux contreuenans de confiscation de ce qu'ils feront ou exposeront en vente, & d'amende arbitraire, & de tous despens dommage & interests. Et outre voulons qu'en mettant à la fin ou au commẽcement ce present extrait du priuilege, il soit tenu pour deuëment signiffié, comme plus amplement est declaré par les lettres dudit Seigneur, donnees à Mante le treziesme iour de Iuillet, l'an de grace mil cinq cens nonante trois, & de nostre regne le vj. Par le ROY en son Conseil. Siné BERNARD.

De l'Imprimerie de Dauid le Clerc, Ruë Frementel au petit Corbeil.

Ouurages de point Couppé.

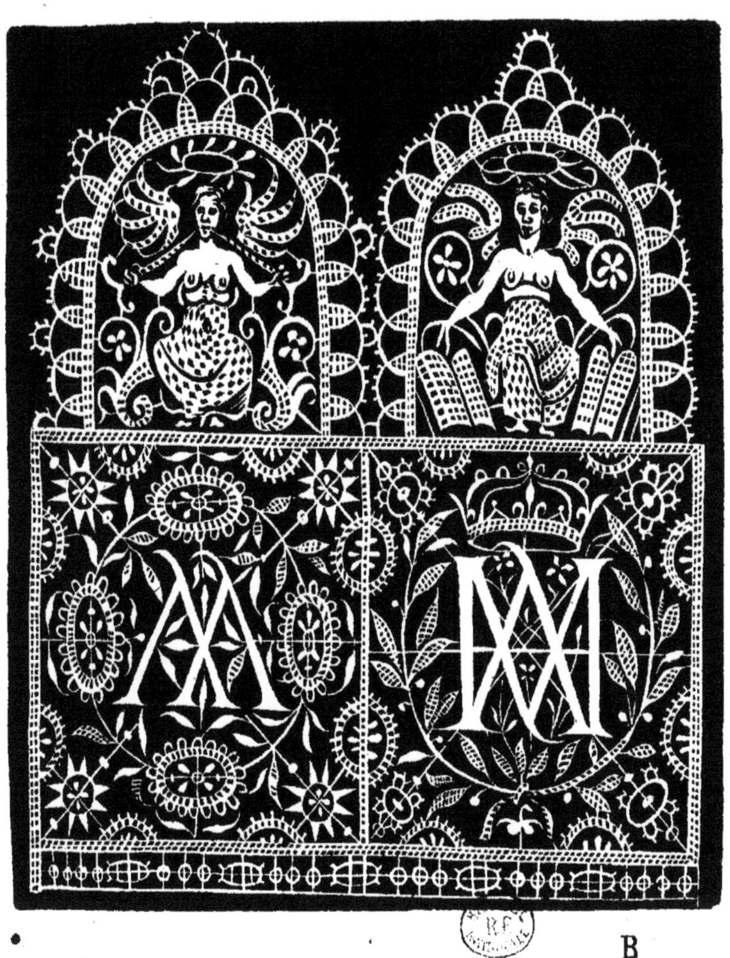

Ouurages de point Couppé.

Ouurages de point Couppé.

Ouurages de point Couppé.

Ouurages de point Couppé.

Ouurages de point Couppé.

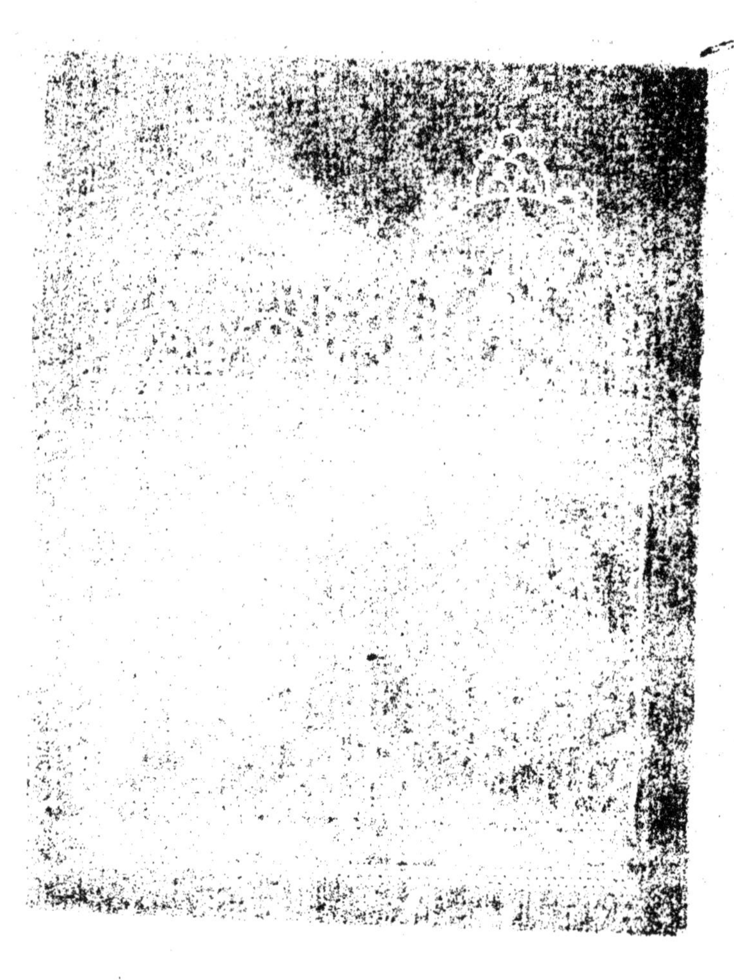

Ouurages de point Couppé.

Ouurages de point Couppé.

Ouurages de point Couppé.

Ouurages de point Couppé.

Ouurages de point Couppé.

Ouurages de point Couppé.

Ouurages de point Couppé.

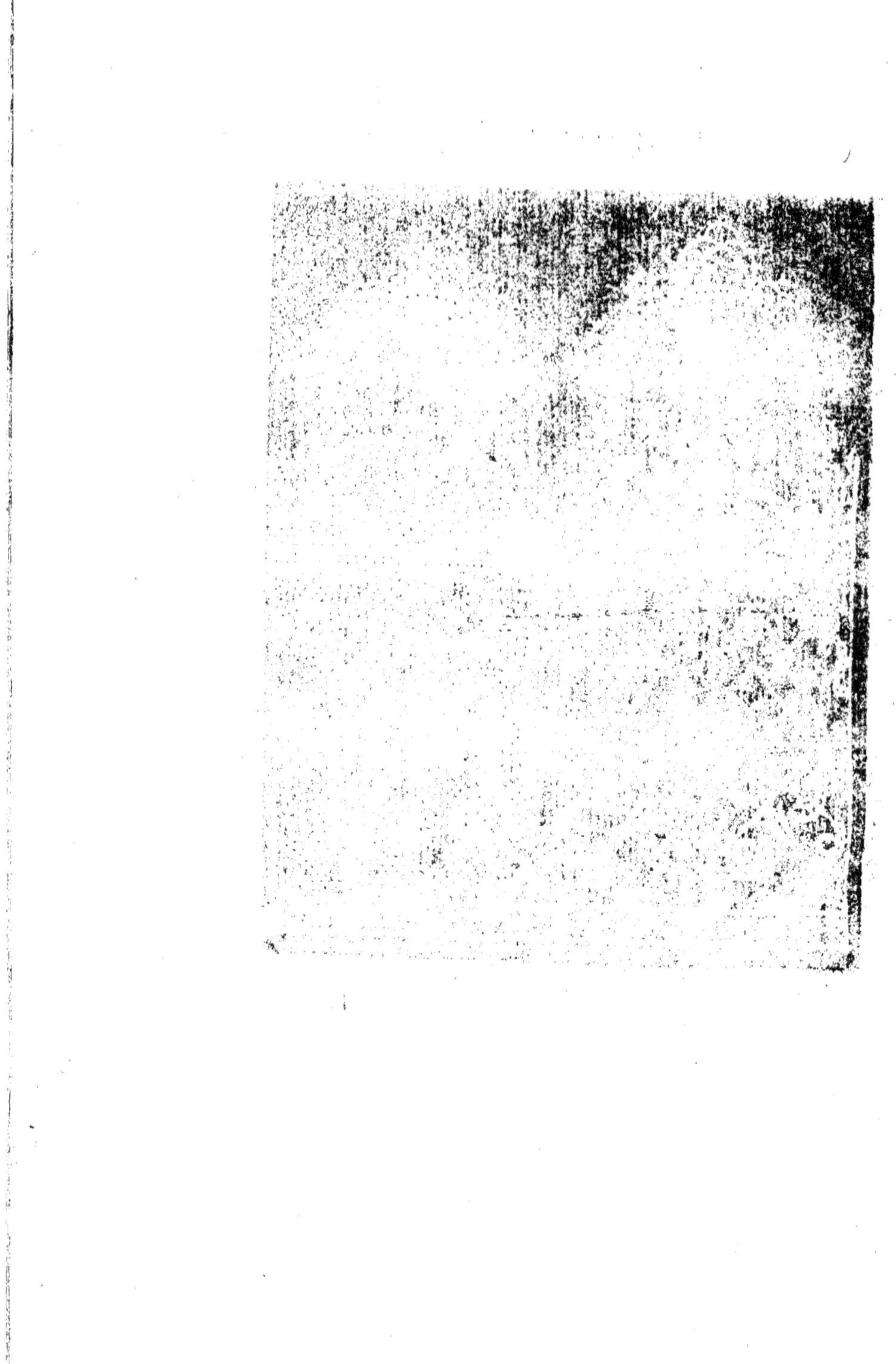

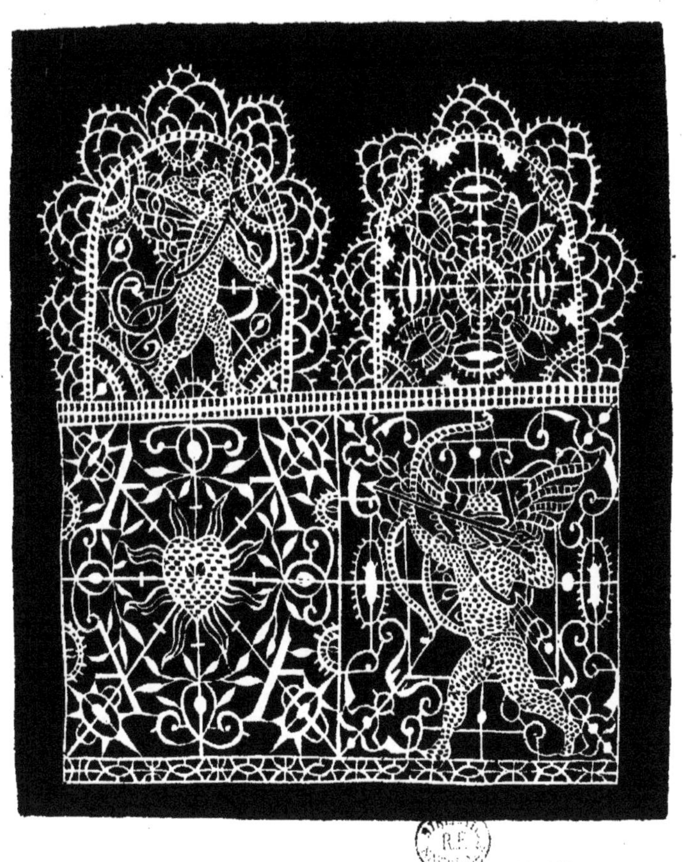

Ouurages de point Couppé.

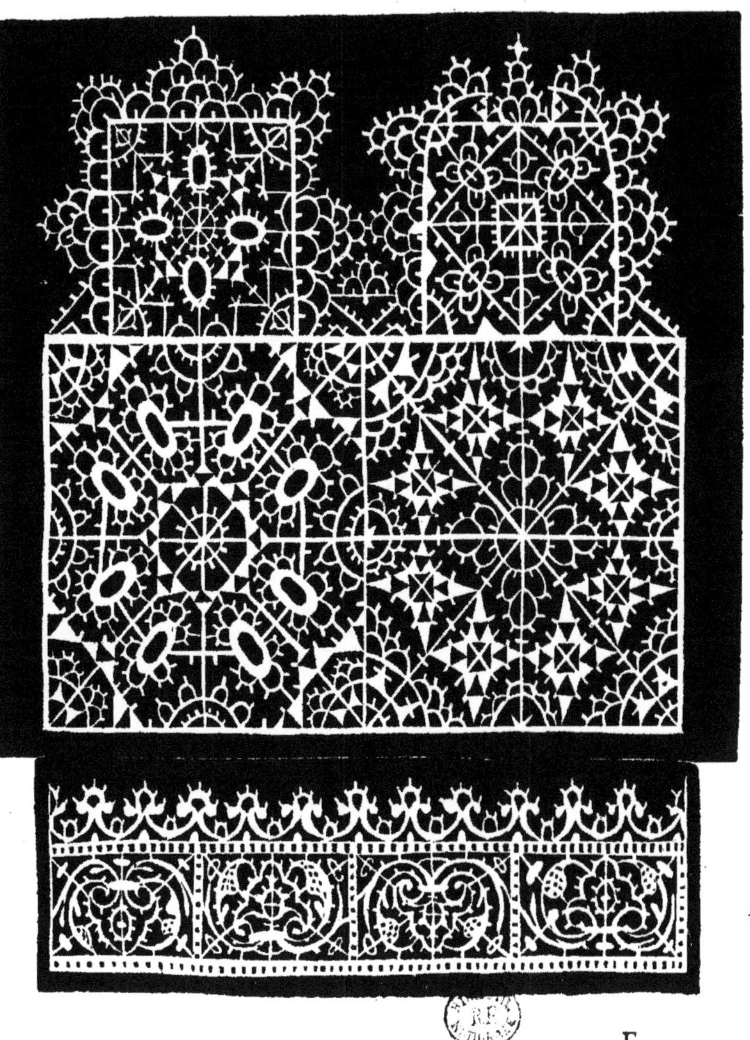

Ouurages de point Couppé.

Ouurages de point Couppé.

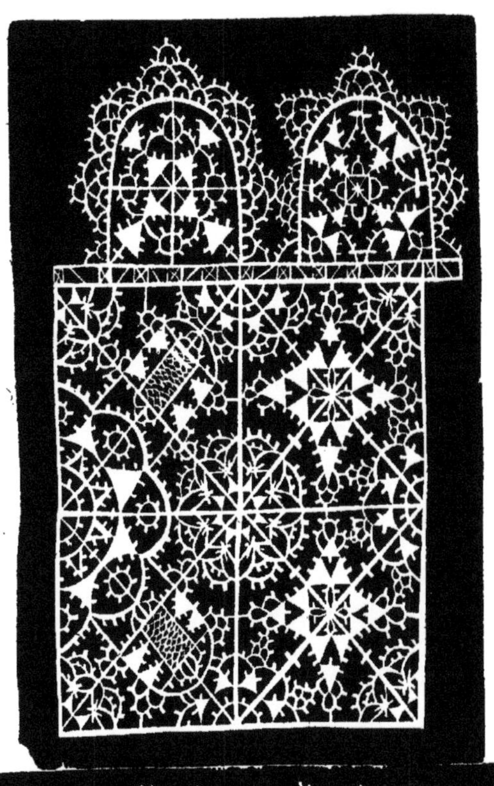

Ouurages de point Couppé.

Ouurages de point Couppé.

Ouurages de point Couppé

Ouurages de point Couppé.

H

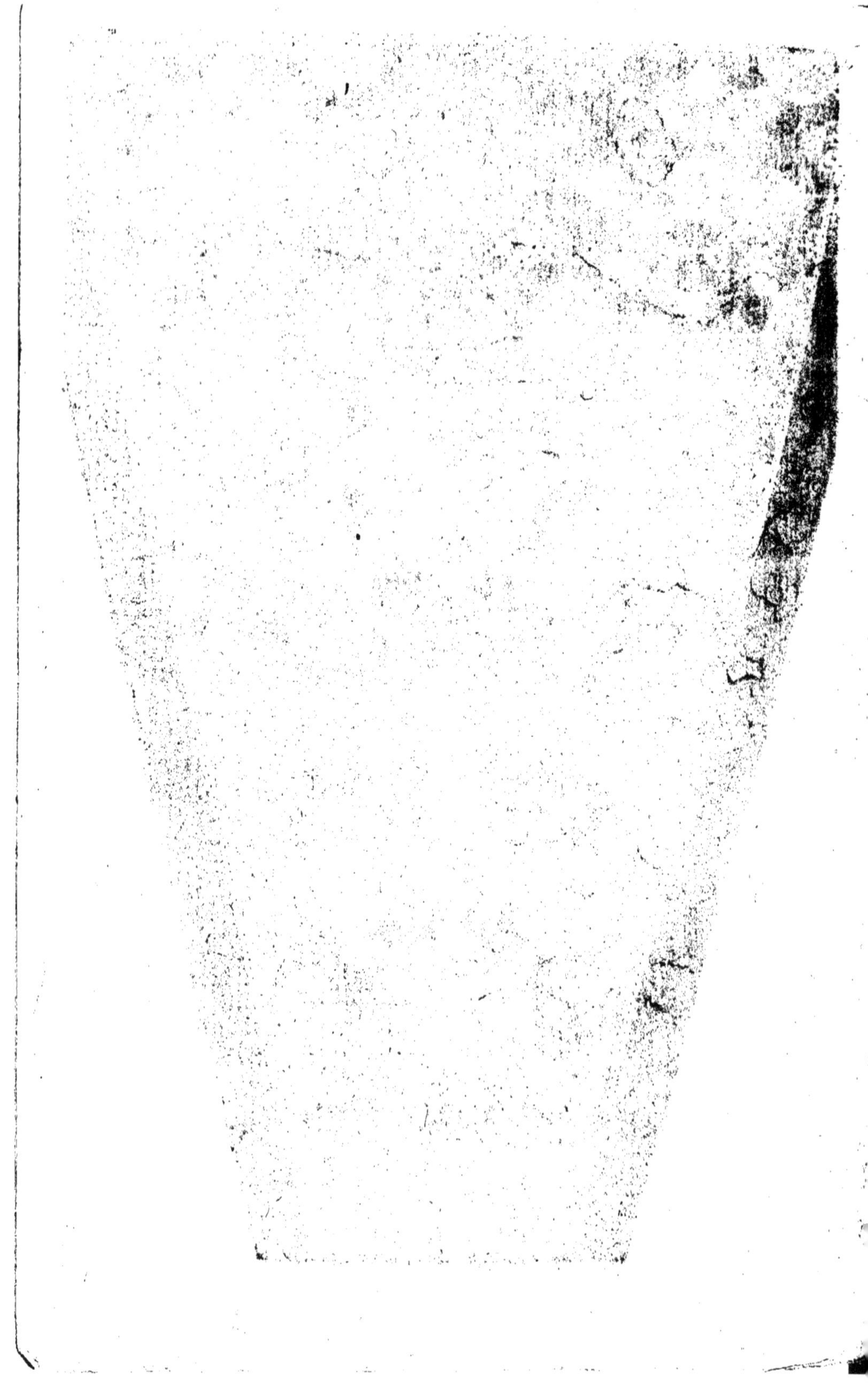

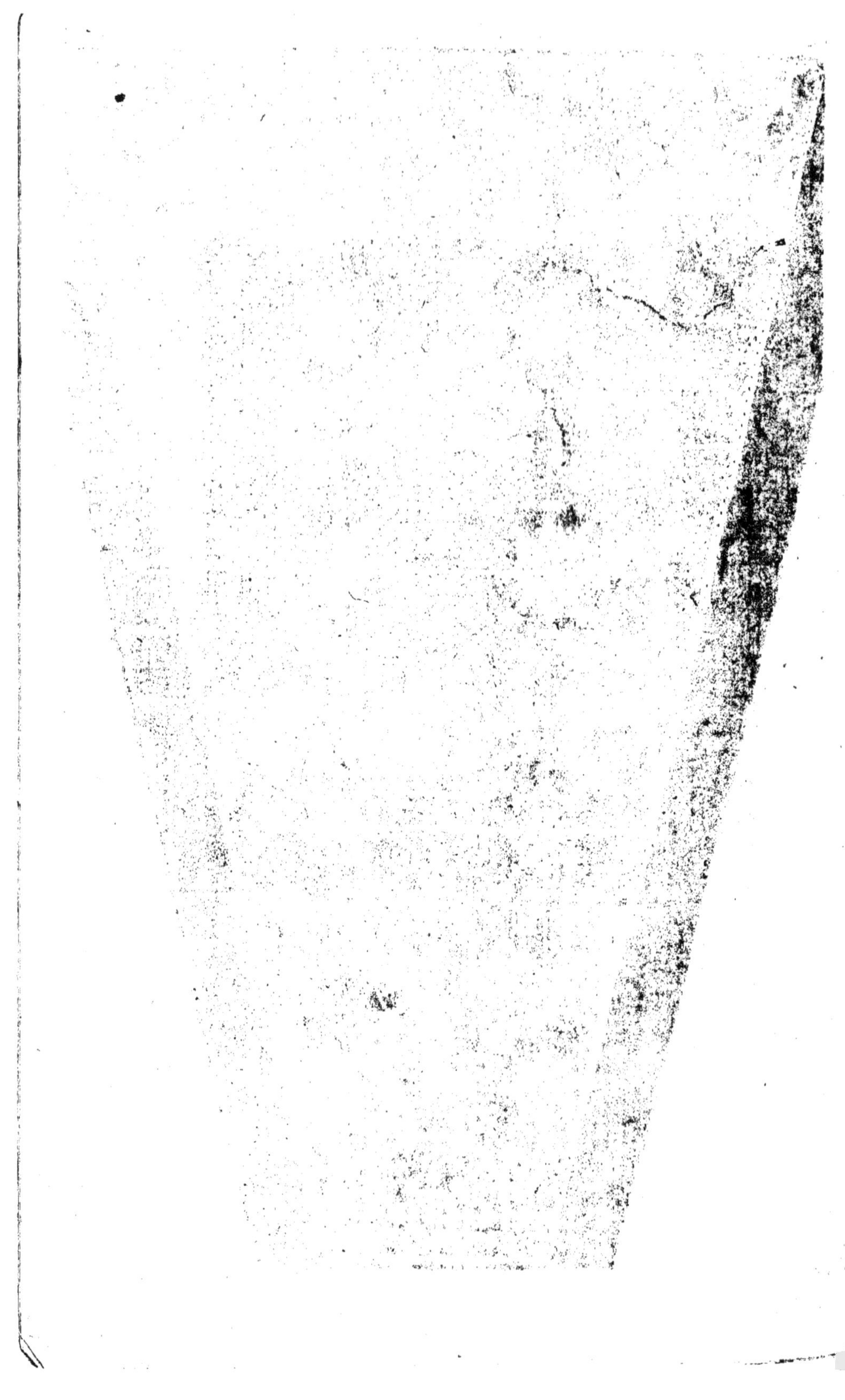

Ouurages de point Couppé.

Ouurages de point Couppé.

Ouurages de point Couppé.

Ouurages de point Couppé.

Ouurages de point Couppé.

Ouurages de point Couppé.

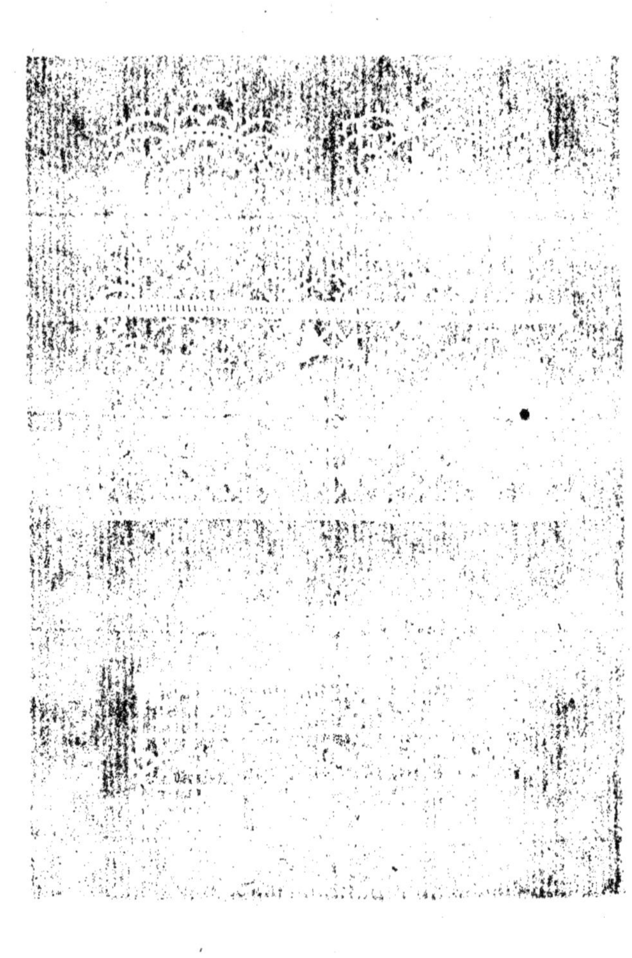

Ouurages de point Couppé.

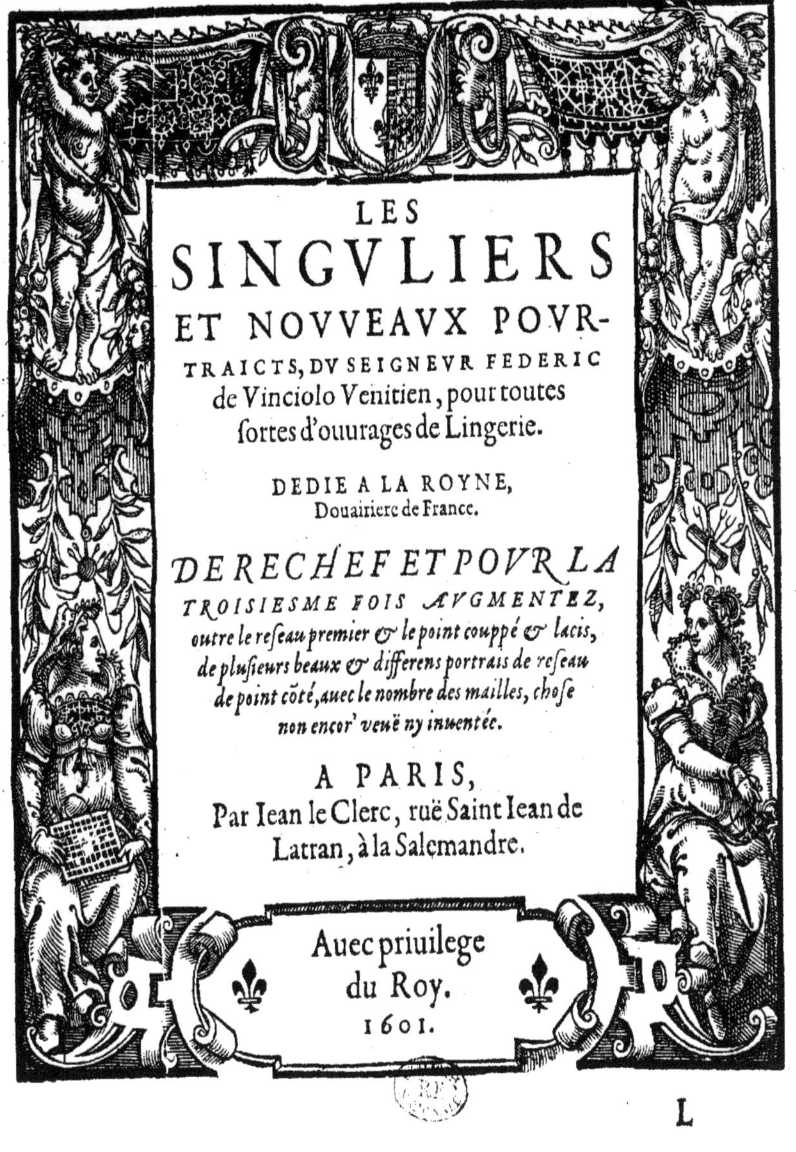

LES SINGVLIERS ET NOVVEAVX POVRTRAICTS, DV SEIGNEVR FEDERIC

de Vinciolo Venitien, pour toutes sortes d'ouurages de Lingerie.

DEDIE A LA ROYNE,
Douairiere de France.

DERECHEF ET POVR LA TROISIESME FOIS AVGMENTEZ,
outre le reseau premier & le point couppé & lacis, de plusieurs beaux & differens portrais de reseau de point côté, auec le nombre des mailles, chose non encor' veuë ny inuentée.

A PARIS,
Par Iean le Clerc, ruë Saint Iean de Latran, à la Salemandre.

Auec priuilege du Roy.
1601.

L

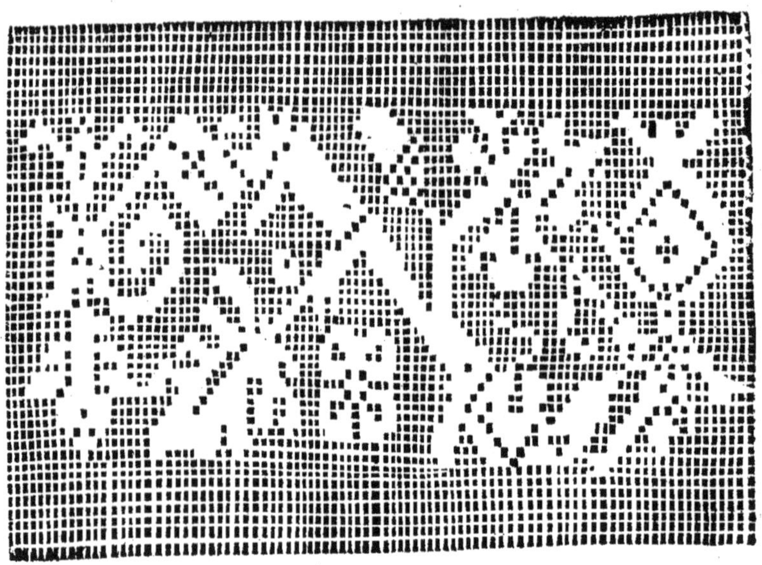

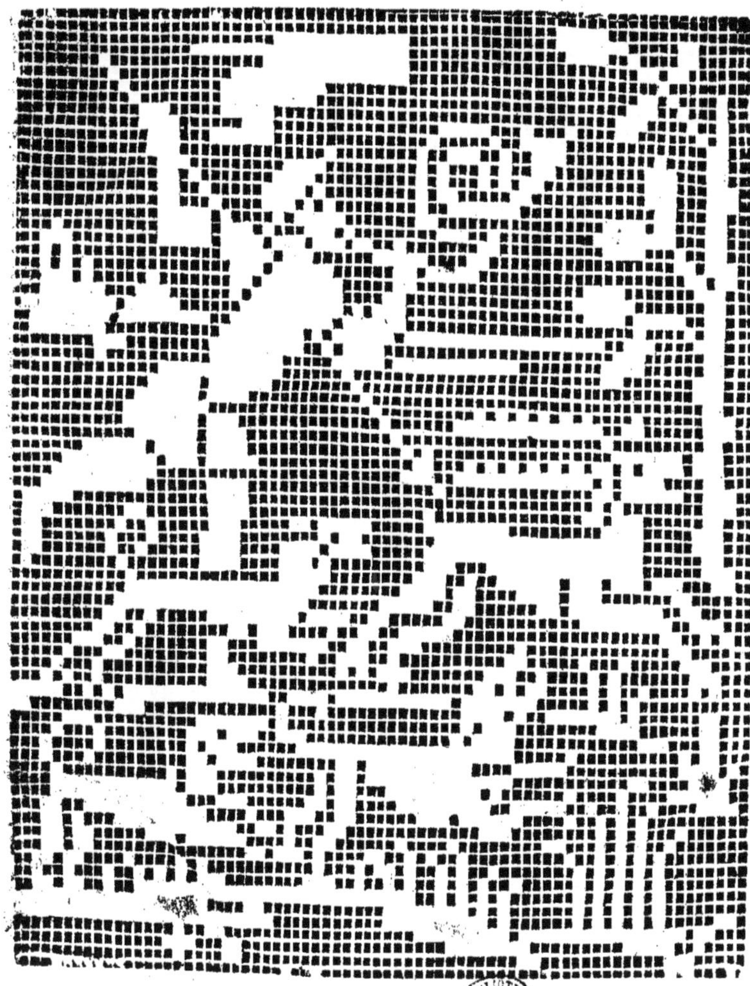

Sol.

Luna.

Mars.

Mercure.

Iuppiter.

Venus.

Saturne.

N

Ce quarré contient 41. maille, & la bordure 69.

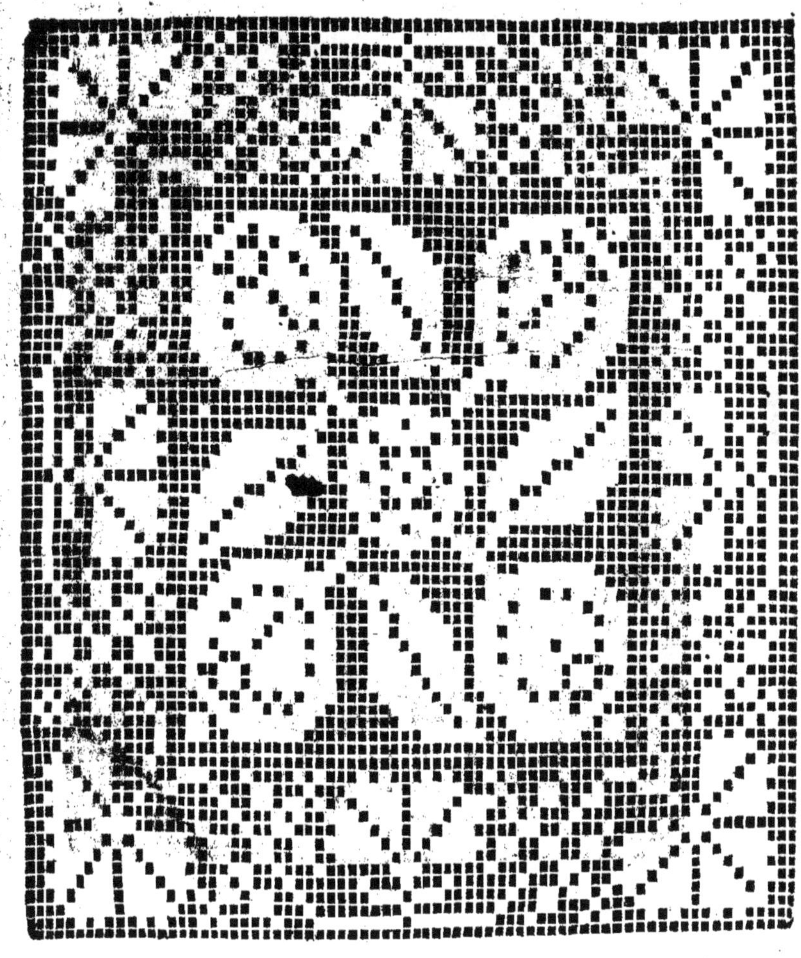

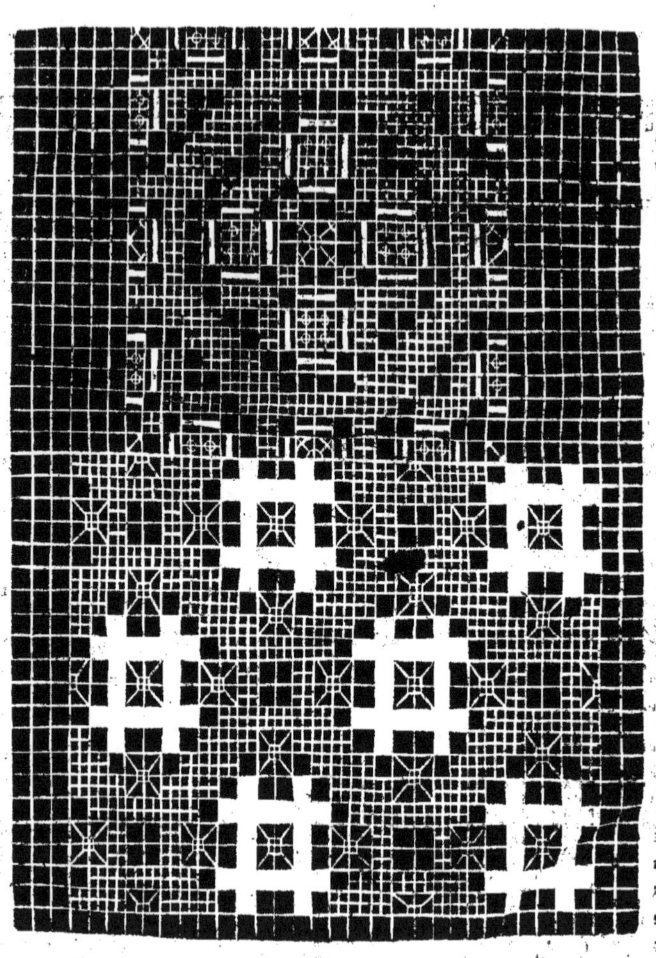

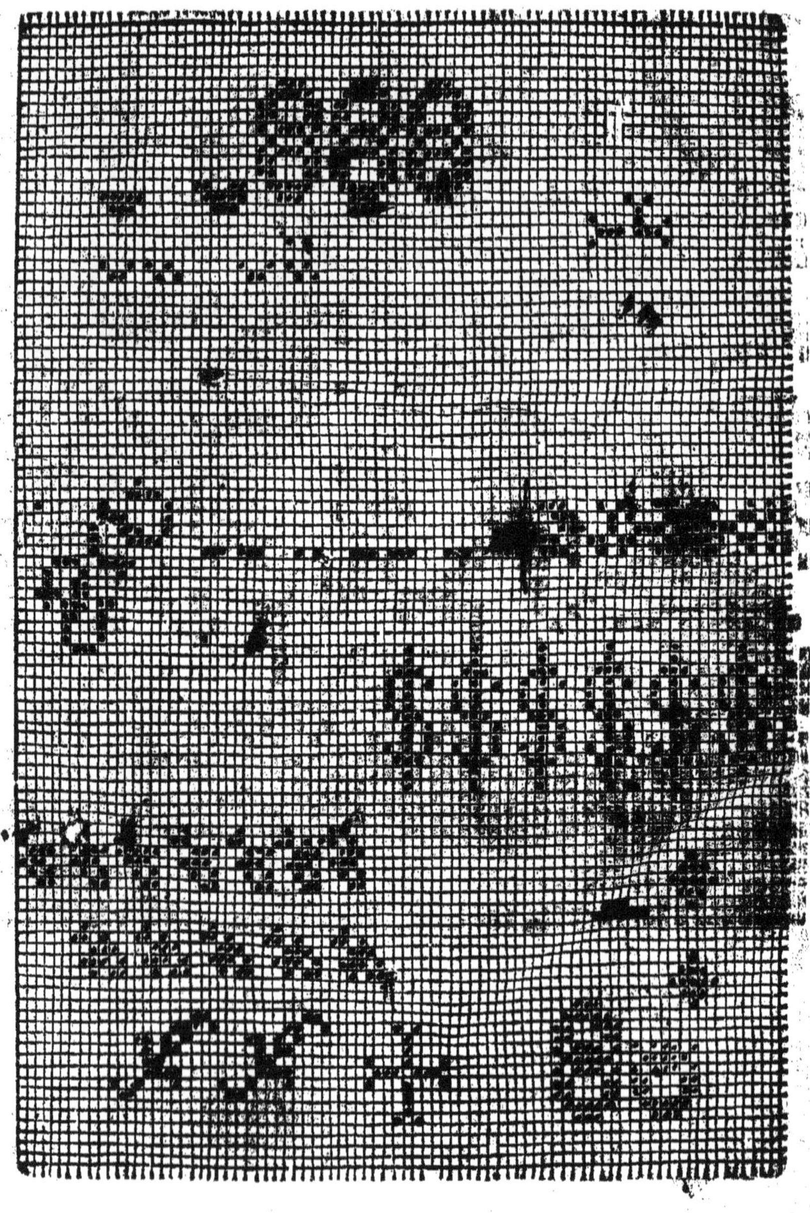

Ce quarré contient 48. mailles, & la bordure 67.

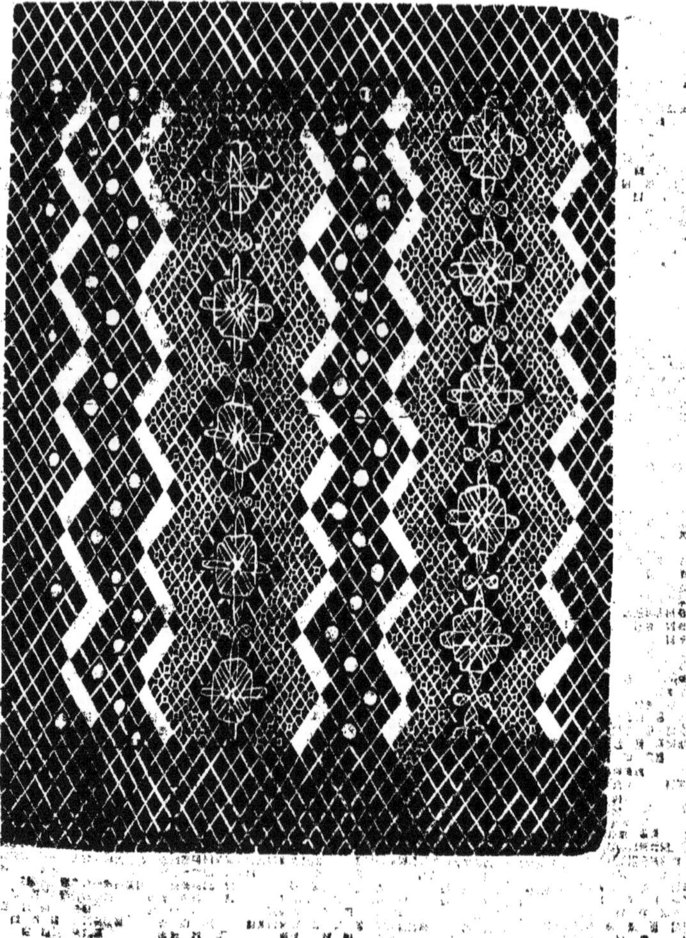

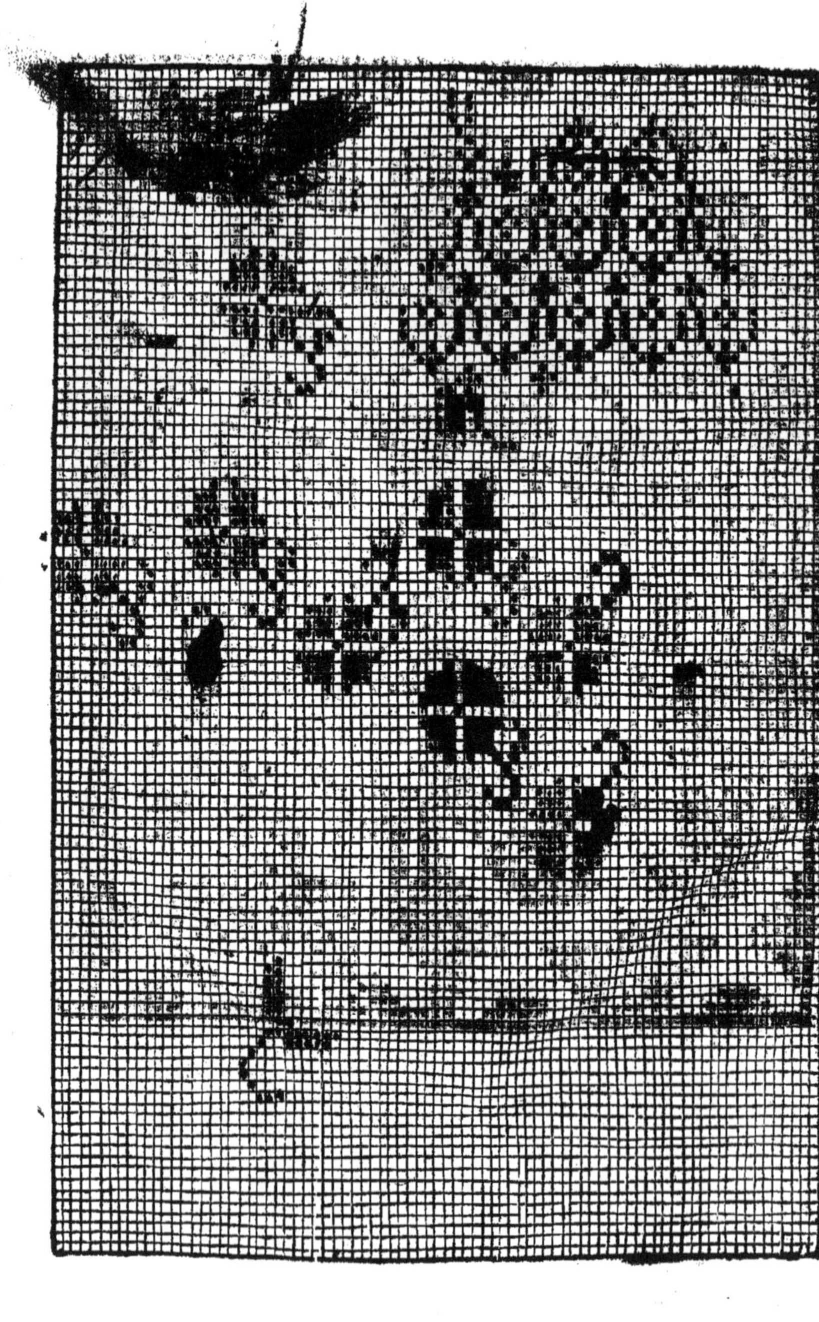

Ce quarré contient 41. maille, & la bordure 65.

Elisabeth [illegible] bey [illegible].

Ce quarré contient 63. mailles.

Ce quarré contient 65. mailles,

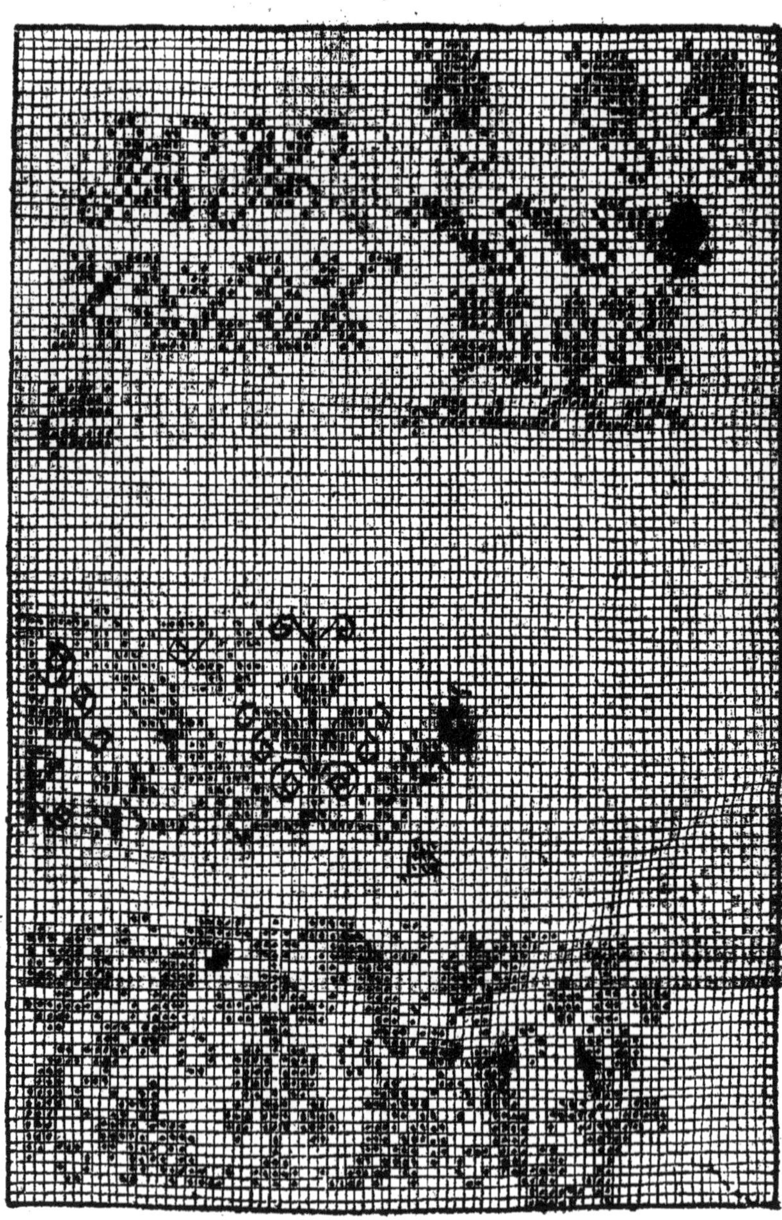

Ce quarré contient 43. maille, & la bordure 67.

La Licorne contient en hauteur 44. mailles, & en longueur 62.

Q

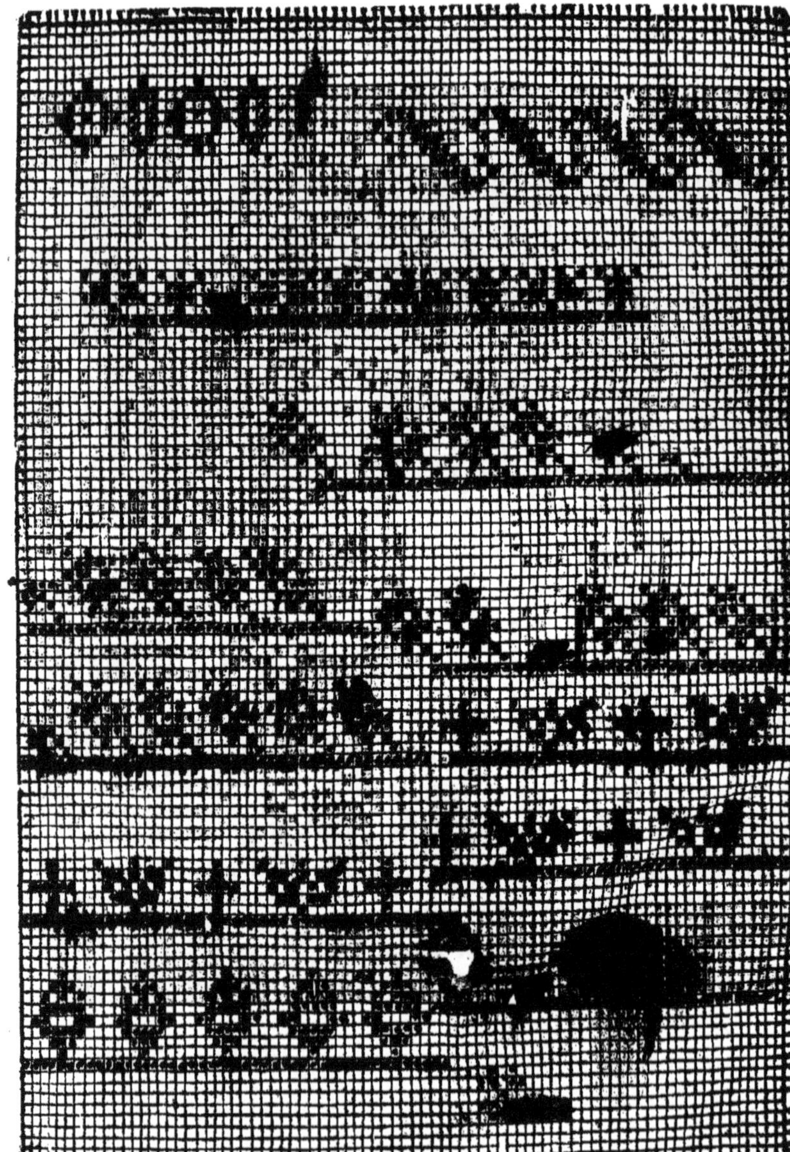

Ce coin de Mouchoir contient en largeur 35. mailles.

Ce coin de Mouchoir contient 33. mailles.

La bordure d'enhaut contient 35. mailles, & celle d'embas 25.

Ce Lyon contient en hauteur 59. mailles, & en longueur 64.

La bordure d'enhaut contient 25. mailles, & celle d'embas. 26.

Ce Paon contient en longueur 65. mailles, & en hauteur 61.

R

Ce Pelican contient en longueur 70. mailles, & en hauteur 65.

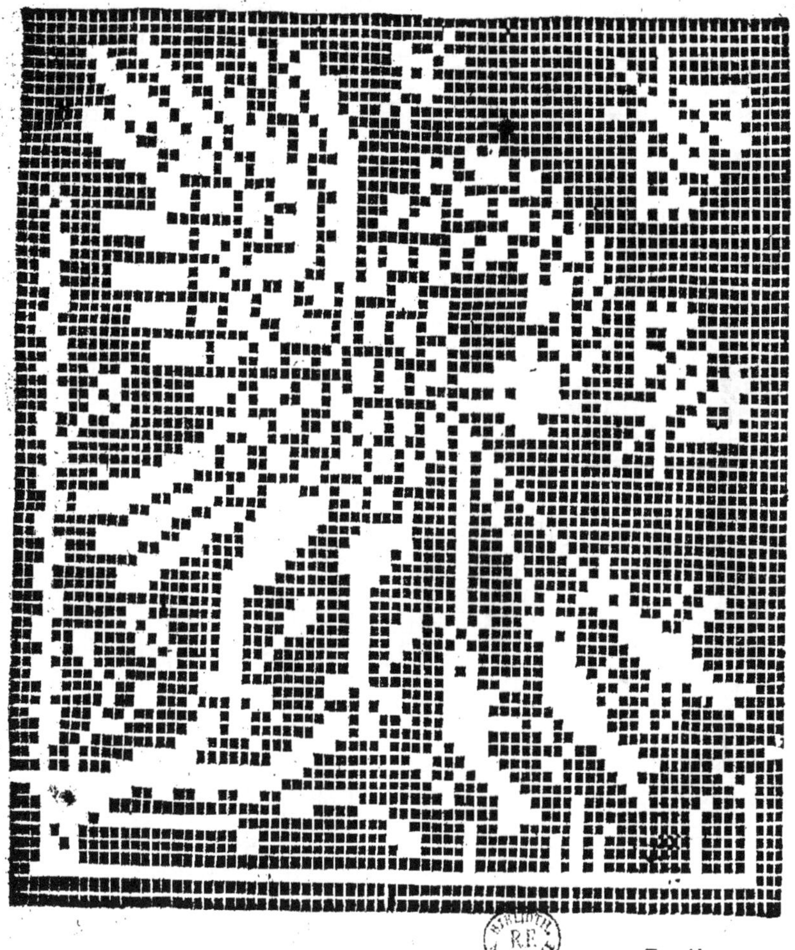

Ce Griffon cõtient en hauteur 58. mailles, & en longueur 67.

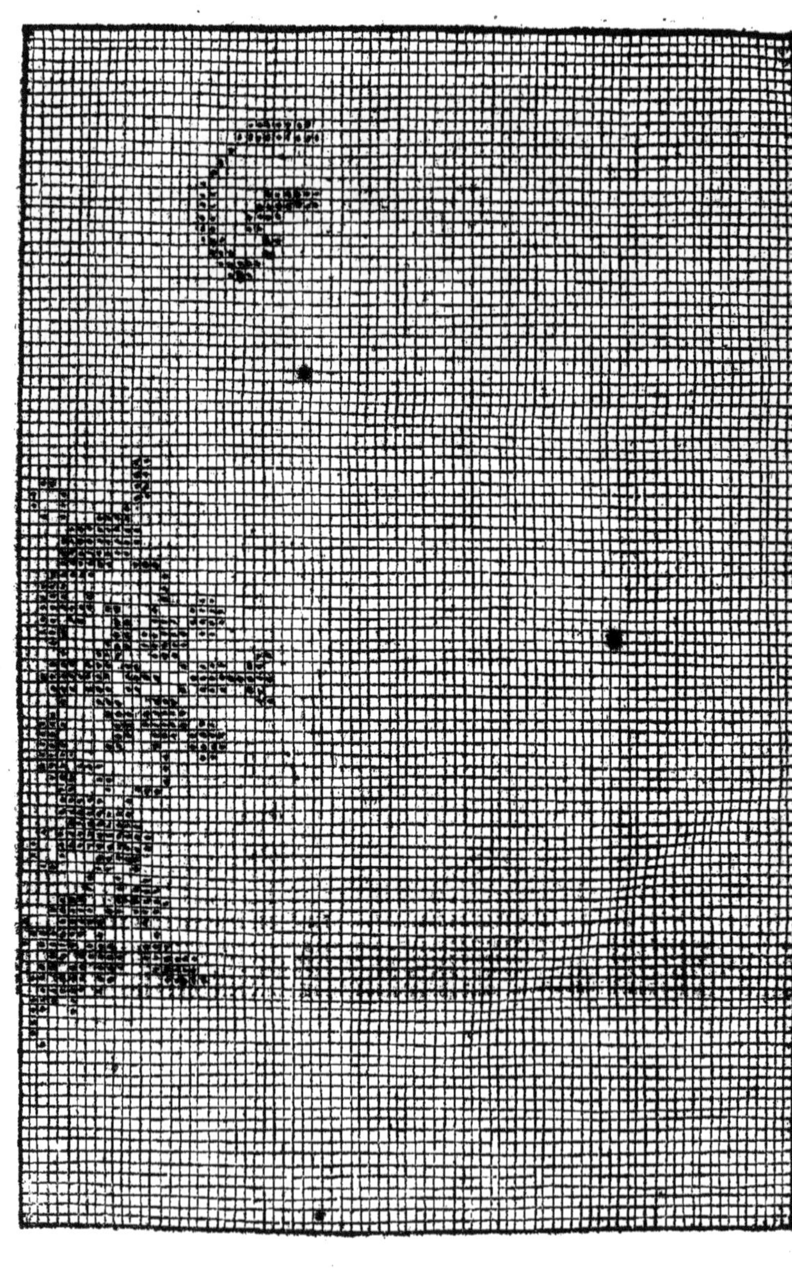

Ce Cerf contient en hauteur 66. mailles, & en longueur 55.

La Deesse des Fleurs representant le Printemps, contient en hauteur 69. mailles, & en longueur 64.

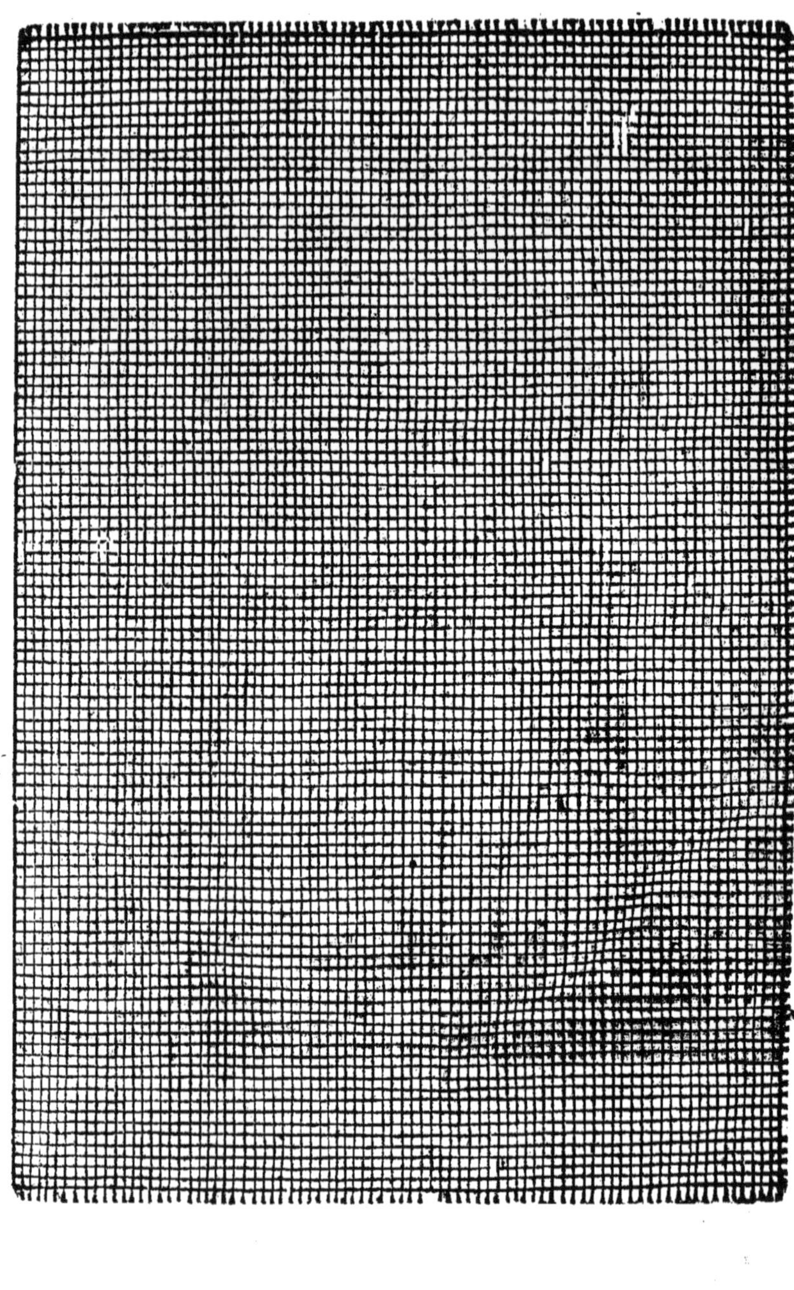

La Deesse des Bleds representant l'esté, contient en largeur 70. mailles, & en hauteur 68.

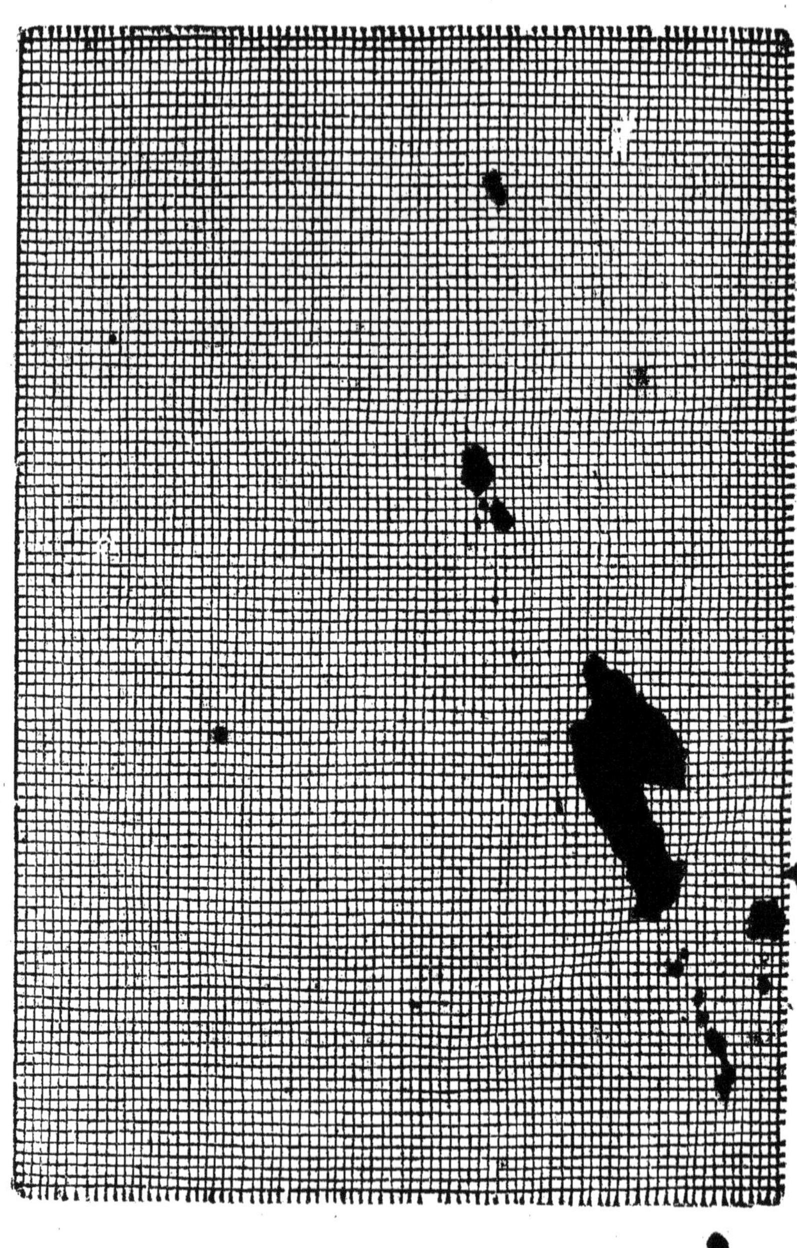

Ce Bachus representant l'Atomne, contient en hauteur, 67. mailles & en largeur 54.

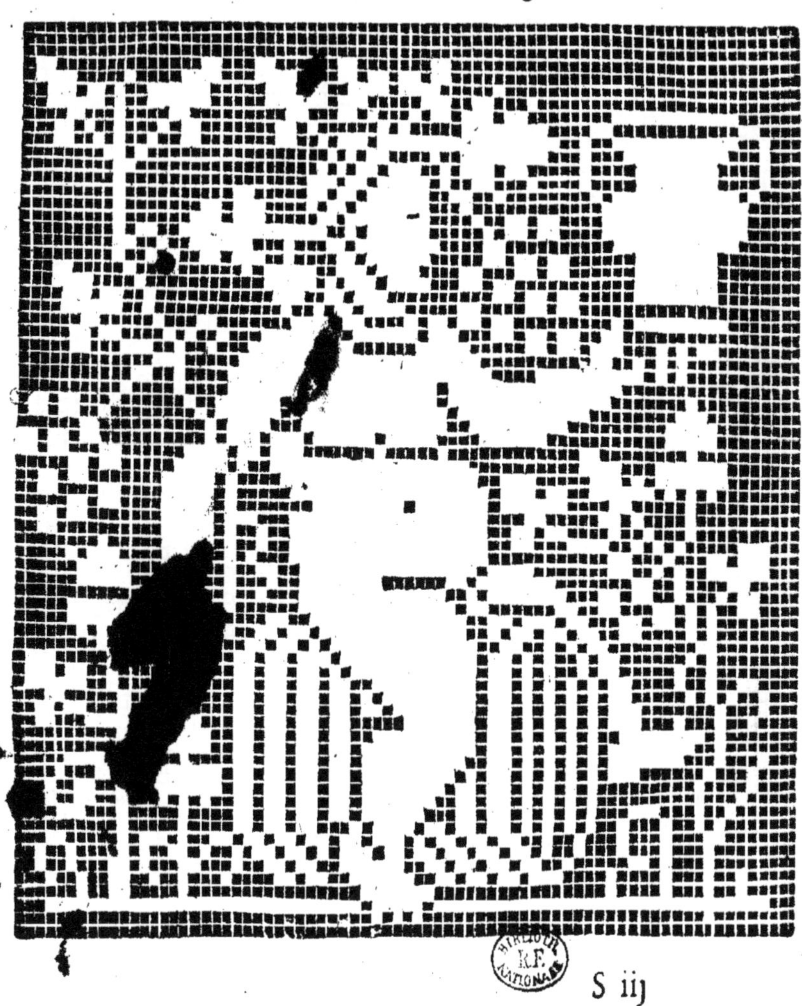

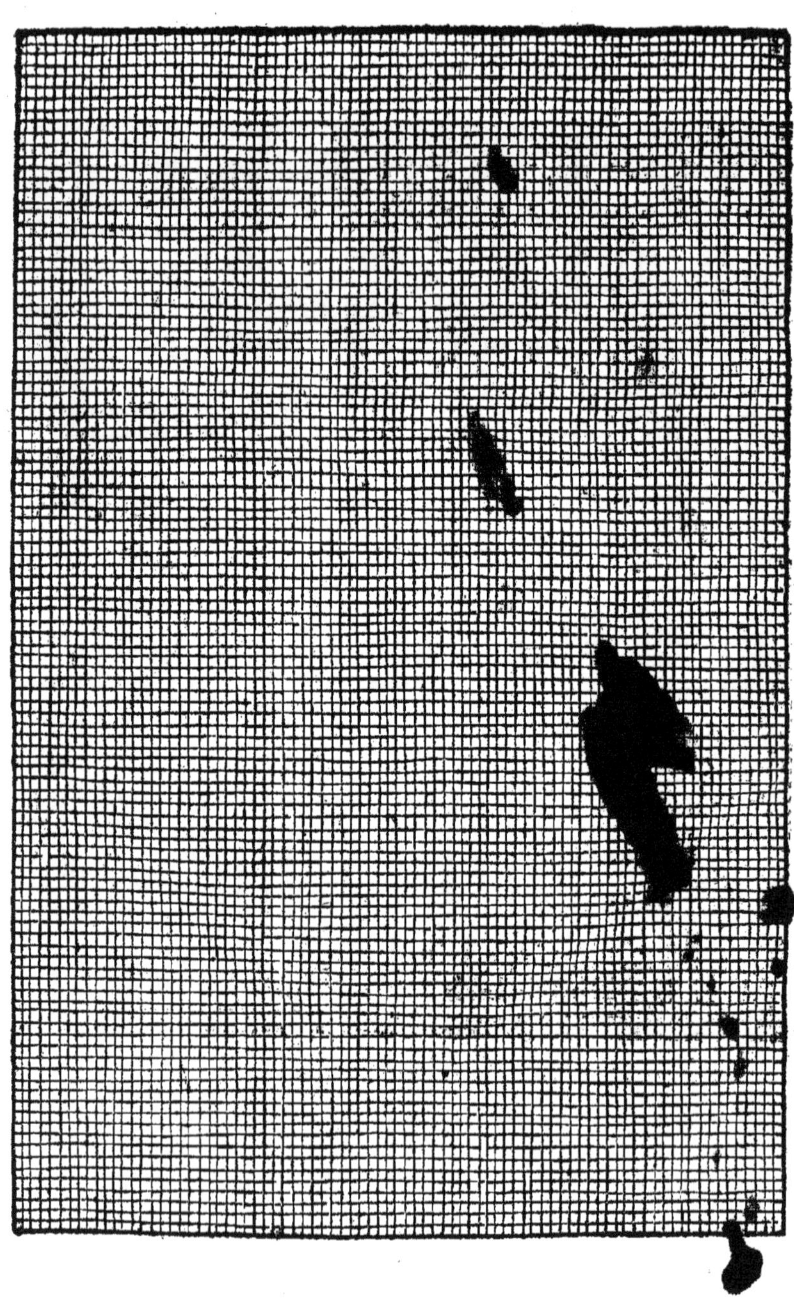

Ceste figure representant l'hiuer, contient en hauteur, 63. mailles & en largeur 53.

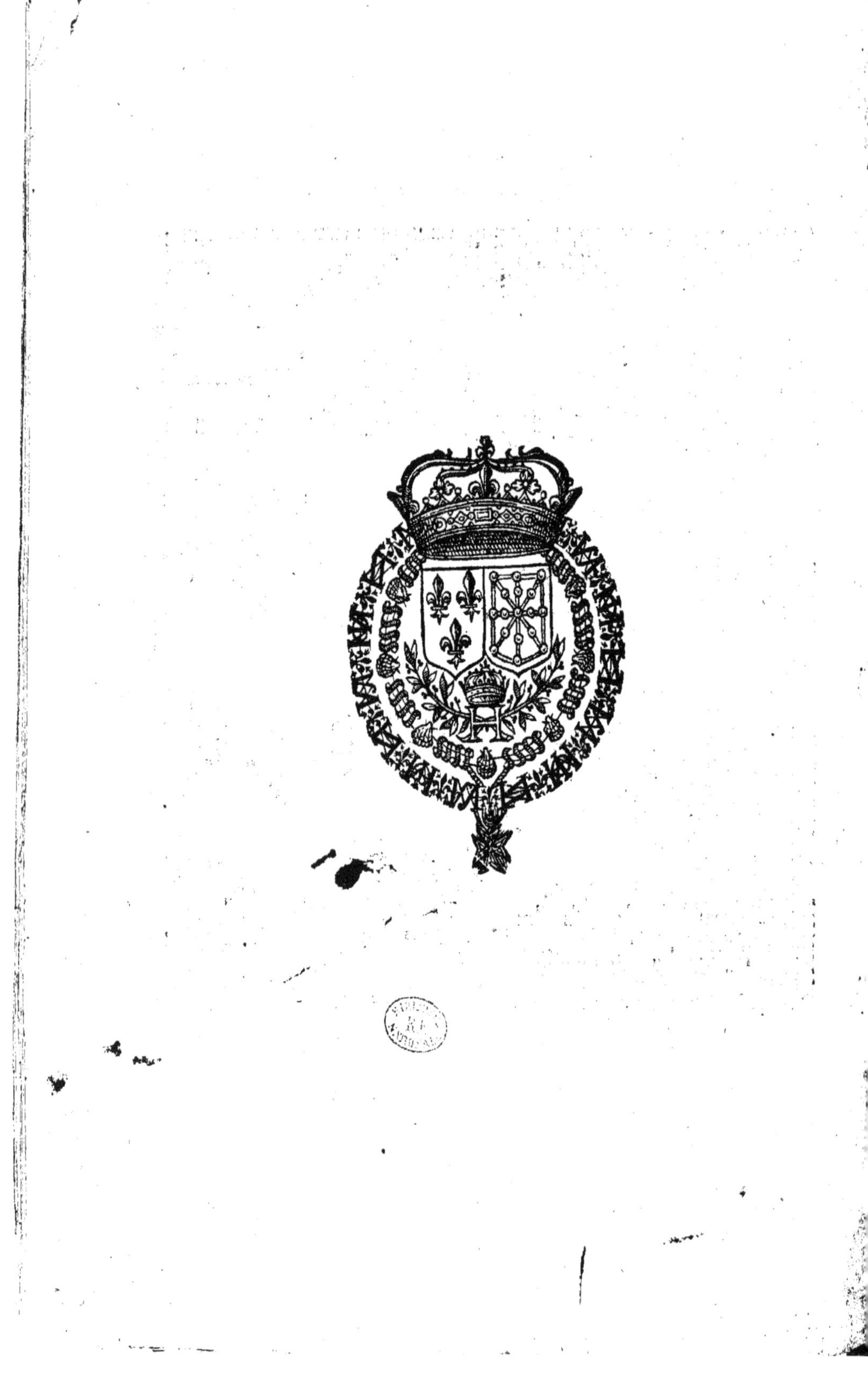

www.ingramcontent.com/pod-product-compliance
Ingram Content Group UK Ltd.
Pitfield, Milton Keynes, MK11 3LW, UK
UKHW021824190726
13853UKWH00003B/1176

9 782329 577524